Digte fra mit
indre hjertekammer

Digte fra mit indre hjertekammer

Af Jeanette Kaptain

© 2025 Af Jeanette Kaptain

Omslag: Jeanette Kaptain

Redaktion: Jeanette Kaptain

Fotos: Jeanette Kaptain

ISBN: 978-87-4306-001-7

1.udgave,1 oplag

Forlag: BoD · Books on Demand, Strandvejen 100, 2900 Hellerup,
bod@bod.dk

Tryk: Libri Plureos GmbH, Friedensallee 273, 22763 Hamborg, Tyskland

ISBN: 978-87-4306-001-7

Med kærlighed, lys, tillid og tro kommer du langt både med dig selv,

andre og andet

Taknemmelighed er en uendelig berigende og transformerende kraft

ALT er energi · det du fokuserer på vokser

Hvor der er vilje, er der vej

Du har ALTID valg og muligheder i livet

Jeg hepper på dig – du er unik fordi du er dig

og ingen er præcis som dig

Tak for dig.

Forord

Digte fra mit indre hjertekammer er en samling af digte med stemninger, tanker og følelser – glimt fra mit indre univers, som jeg har udforsket og stadig udforsker, hvilket jeg her sætter ord på. Denne digtsamling er en måde at formidle min rejse på, som både har været og er personlig og spirituel; en rejse gennem mørke stunder og lyse øjeblikke, gennem refleksion og fantasi. Alt i balance, som er livets kunst. At skrive poesi er for mig en måde en bearbejdning og at åbne døren til mit indre hjertekammer – et rum fyldt med minder, drømme og tvivl samt smerte, som er vendt til lys, indsigt og læring. I kærlighed og taknemmelighed. Når jeg skriver digte er det et sted, hvor ordene får lov til at eksistere uden for tid og rum, og hvor de kan tage form i deres egen frihed. Det er med ydmyghed, at jeg deler disse digte med dig, kære læser, og håber, at de kan vække noget i dig, hvad end det er - genkendelse, undren, inspiration og refleksion.

Digtene i denne samling har forskellige stemninger og temaer. Digtene er skrevet i stille øjeblikke - i skoven på mine daglige gåture der. Her skabes mange ideer og kreative input – livets foranderlighed, farver, blomstringer, kærlighed i form af kærtegn fra vind, sol, vand og sand. Hjerter som kommer til udtryk i blandt andet træer, jorden, blomster, svampe og sten. Ved vandet bølger som skyller ind og trækker sig tilbage igen - lige som de forskellige udfordringer, vi som mennesker møder igennem livet. Der er altid valg som friskhed, luft, bevægelse, ro og harmoni, trods storme i livets cyklusser. Alt dette er i smuk poesi skabt til denne digtsamling; Digte fra mit indre hjertekammer.

Alle digtene er en del af den skat, jeg bærer med mig. Jeg ser på dem som dele af mig selv – en smuk mosaik af bevidsthed, oplevelser og følelser, som tilsammen udgør et billede af min rejse i livet. I helhed med både mørke og lyse steder, som alle observeres, rummes, accepteres som de er - uden dom af noget eller nogen. Fordi jeg nu har erfaret at mestre mine tanker, som bliver til mine følelser og handlinger som skaber min adfærd og resultater som bliver til mit liv. Jeg håber, at digte fra mit indre hjertekammer er et sted, hvor vi mødes; hvor du vil blive bevidst om en ny måde at se verden på. Altså vælge at skifte opfattelse, så du opdager nye muligheder i dig selv, andre og andet.

Tak fordi du vælger denne bog og tager dig tid til at gå med mig gennem mit indre landskab, hvor jeg kan guide og støtte dig på din rejse i dit indre landskab, og til din indre skat af indre rigdom. Hvilket jeg tror på vi alle besidder. Skatten skal have opmærksomhed, før den lyser op og beriger først dig selv og så dem omkring dig. Jeg hepper og tror på dig.

I kærlighed og taknemmelighed

Jeanette Kaptain

Naturen - mit andet hjem

Jeg føler ro, jordforbindelse og healing i naturen
Det er mit yndlingssted og bryder i strukturen
Den er bare - lader sig forandre konstant ja
Uden at frygte, føle skyld og skam – tja

Naturen har stærke rødder - støttet og er åben
Byder alle og enhver velkommen - gratis - uden måben
Her er væld af farver, strukturer og dufte
Alle må se, mærke og sine tanker lufte

Naturen giver og tager imod - mørkt og lyst
Stort og småt - forbygger, helbreder, rummer - uden ryst
Så kom herud i alt slags vejr - være
Det er så berigende og hele dig nære

Livet er...

Livet er smukt · hvis du vælger det som så

Hvor dit fokus er · lader du din energi gå

Vi har alle valg i livet · hver dag · alle former

Valgene har alle konsekvenser · ja inden eller udenfor normer

Det er dit liv og ansvaret må du tage

Du kan også leve andres og holde dig tilbage

Ønsker du dig mere må du først være mere

Hemmeligheden ligger i følelsen · spred dit lys til flere

Lige tiltrækker lige · sådan energetisk set må siges

Kender du til at gøre dig lille · noget forties

ALT er energi · har forskellige frekvenser og vibrationer ja

Du har alle muligheder for skabelse · at vælge ka

Hjem er kroppen

Kroppen er vores hjem · her kan vi være trygge

Når vi tager os af kroppen · sørger for opbygge

Store chancer for alt er og bliver rart · tak

Valg og beslutninger hver dag som må i hak

Kroppen – det eneste hus vi skal bo i hele livet

Så derfor tag stilling nu og tag intet for givet

Behandl din krop med ære, respekt og taknemlighed kære

Den vil støtte og på bedste vis dig bære

Den er ufattelig intelligent og giver dig tegn · ja

Dog ej sikkert du altid lytter · selvom du ka

Krop, sind, sjæl og ånd ønsker dig det allerbedste

Dog vil den dig lære · af og til teste

Det er din krop, dit liv · derfor dit ansvar

Så dine valg, læring og konsekvenser – du er kostbar

Vi er alle natur, renhed, kærlighed, lys fra start

Indtil livet får facetter · vi lader andre programmere os i art

Bevidsthed

Er du bevidst om hvem du er som individ

Eller følger du bare med i trop og tid

Hvad vælger du - bidrager med til dig og andre

Noget som gør dig unik og lader verden forandre

Ønsker du at gøre en forskel for dem omkring

Så starter alt i og med dig - tag spring

Vil du hellere køre i ring – have det samme

Som om du ej kan selv – skal passe i ramme

Vågn nu op her og øg din bevidsthed kære

Det er så berigende og vil dig overflod lære

Vi kan så meget med dette her fantastiske liv

Observer, rum, accepter og døm ej - der nul piv

Tro på dig selv

Ja - tro kan flytte bjerge har du nok hørt
Det er der noget om – føler mig selv berørt
Det er dit valg - vil du tro eller ej
Tro på hvad, hvem, hvorfor, hvordan – mest why?

Tro på, der er muligheder i og over alt
Efter hvilke vinkel du ser fra - helt eller halvt
Tro er en vigtig del - kan få dig i vækst
Bygger bro og som får dig til level next

Vi har alle brug for heppekor - som os gavner
Nogle som er der - støtter, hjælper og alt favner
Så ræk bare ud og bed om støtte til tro
Ubeskriveligt hvad du høster når du sår - lader gro

Med forankret tro i dig – kærlighed og lys

Forbind dig med din indre ild uden fnys

Så du kan udleve din passion i livet kære

Skab udtryk · aftryk – med kreativ fantasi som nære

Balance

Hvad er balance og er det vigtigt for dig
Ligevægt · balance på alle områder i livet · for mig
Hvad er så for meget og for lidt ja
Det er prøvelse for os alle nu og da

Det er "bare" og du er som du er
Alt er foranderligt · vokser op · du udvikler dig her
Et unikt menneske med kærlighed, lys og skønt potentiale
Fordi du er født på denne jord · slut finale

Alt er og bliver i den skønneste orden · bestemt
Uanset hvad der sker · også når du føler dig klemt
Du må have tillid, tro og føle dig støttet
Så kan du opdage hvordan livet er dig knyttet

Rodløs

Forbinder du dig med dine rødder · mærker du dem

Skaber jordforbindelse og lader moder jord lede dig hjem

Støtter dig til at stå i og ved dig

Det gør en berigende forskel i livet · tro mig

Det kan blive en fast gavnlig vane · ja tak

Du fortjener så meget det allerbedste – ej flik flak

Så hvad vælger du for dig · uro kontra ro

Du må tage ansvar og lån gerne min tro

Der er så mange muligheder og forstyrrelser derude ja

Du må forbinde dig dybt og ro vælge ka

Øvelse gør mester · sortere fra og vælge dig først

Du er vigtigst i dit liv kære – overskuddet størst

Sansestærk

Vi har alle 5 sanser - vil faktisk sige 6
Se, høre, smage, lugte, føle og 6. tricks (6. sans)
Det er desværre ej noget flest benytter til fulde
Intuition og også kaldt mavefornemmelse - lader os rulle

Kan give os svar på alt - hvis vi tør
Alle svar er inden i dig - indre talerør
Vi må tune ind og leve indefra og ud
Stå ved os selv - vi er alt - mit bud

Rumme og favne alt som det er lige nu
I øjeblikket der er - fremfor fortid eller fremtid du
Øvelse I at observere, acceptere, nyde, ære og være
Det er en kunst og skaber balance - du kære

Det ej at lade sig hverken distrahere "fange"

Af noget udenfor og miste kontrol - gør os bange

Det er ej nemt og du vil falde i

Du har valg og det handler om at befri

Gøre dig fri af andres spind - du har nok

Er ej egoistisk at give slip på andres brok

Brug dig, din tid, krop, sind og sanser bevidst

Se hvordan du føles hel - dit liv får tvist

Alt er muligt

Tror du på at ALT er muligt · kære du
Op til dig og betyder at indstille sig ku
Hvad vil du nå i livet · mens det er
Godt spørgsmål til din refleksion og måske handling her

Lader du dig begrænse og holde tilbage af dig
Hvor stort potentiale tør du tro på · ik mig
Ser du livet som legende og let · mærker lyst
Følger hjertet · tror uden at give op ved ryst

Ser muligheder I og over ALT · glæde og lykke
Det kan gøre stor gavn og dig godt rykke
Tag ej imod andres shit · fix dit eget ja
Ligesom øvelsen i at respondere frem for at reagere tja

Se lyset

For at du rigtig kan se lyset · værdsætte det

Må du også have været i mørket · ej let

Vi besidder alle alt som mennesker · mørkt og lyst

Hel i balance · mørke kontra lys · smukt og ryst

Vi møder alle sammen udfordringer og smerte i livet

Den eneste vej er igennem · tage intet for givet

Smerte kan på sigt vendes til læring og guld

Erkend og bearbejd smerten – skaber forvandling og gavnlig muld

Så fokus på lyset · det er i dig og derude

Der er grund til bagrude er mindre end forrude

Vær lige nu · observer, rum og accepter · fokus klart

Det er en fantastisk strategi som gør dig smart

Lyset kommer igennem alle steder · selv små sprækker

Nok til alle · måske en dig sin hånd rækker

Tag imod og mærk den støtte · det er derude

Du behøver ej at gøre alt selv · glem hårdknude

Indre sandhed

Hvad er din indre sandhed - dybest og inderst inde

Skræl alt væk som ej er dit - blot finde

Hvad du tror på og står for - kære du

Kun dig som kan mærke og vide det nu

Vi er født rene - i og med ubetinget kærlighed

Så vil du være dig - som du er - ærlighed

Vi bliver med livet programmeret af dem omkring ja

Vores eget ansvar - mærke, sige til/fra - vi ka

Vi er hverken fortid, tanker, historie eller titel - nej

Alle sammen er vi unikke - på egen rejse - hej

Hvad er din passion og ønske om bidrag nu

Op til dig at være - handle på det du

Alenetid i stilhed

Nyder og værdsætter virkelig egen tid i stilhed ja
Skaber ro og balance som kun med åndedrættet ka
Det lige til · stor berigelse · gerne i naturen kære
Her er rum, jordforbindelse og healing · der dig nære

Vær, lyt, se, mærk og gå i dit tempo
Alt ændrer sig her og er fortsat – dans limbo
Naturen er åben · rig på et væld af muligheder
Du kan blot være legende og let · skabe dueligheder

Tag sko og strømper af · mærk jord og rødder
Som går uendelig dybt og stærkt under dine fødder
Du er støttet af moder jord · fuldt og fast
Med dine rødder kan du bedre tackle din last

Lyt til fugle, regn, vand, blæst og mærk sol

Du kan sidde på jorden eller i en stol

Uden at skulle gøre noget - blot være med dig

Lade op, være dig - du kan også ligesom jeg

Hvis du bliver forstyrret af tanker, følelser, planlægning tja

Vid det er helt naturligt - vi alle gør ja

Bring fokus til dit åndedræt som er dit anker

Vigtigst sammen med ubetinget kærlighed - i dit hjerte banker

Grænser

Det er vigtigt at kende og sætte egne grænser

Stå ved dig og det du mærker - det renser

Dig med dit og ej påtage dig andres shit

Det skaber klare og rene linjer - et sandt hit

Du kan sætte klare grænser i respekt og kærlighed

For dig selv kære i dit liv - med ærlighed

Du fortjener at føle dig set, hørt og anerkendt

Lad forklaringer ligge - vær tro og dig selv bekendt

Vi er alle forskellige og alligevel så ens ja

Der er mangfoldighed og nuancer i alt der ka

Skabe, bidrage, give indsigt og ny opfattelse af forskelligt

Hvordan alt kan forandres - uden det er højhelligt

Bliv i og ved dig på trods af andre

De må tænke hvad de vil og måske vandre

Du må mene, tro, udtrykke · være den du er

Den absolut vigtigste i dit liv med kærlighed især

Støj indeni og udenfor

Hvad mon du tænker når jeg skriver støj nu

Støj og uro indeni og verden omkring · kære du

Lader du dig distrahere af støj og mister fokus

Det sker for os alle · kom tilbage – hokus pokus

Det er dig som vælger · acceptere, blive eller handle

Skift dit mindset · tanker, følelser, adfærd · vil dig forvandle

Fra at lade dig styre · til navigere i dig

Empowerment · mestre det som sker i dig – du sej

Blive bevidst og erfare tankens kraft · til stor gavn

Det vil støtte dig, bringe ro og sikker favn

Igennem alt det som kan være udfordrende som menneske

Rumme og acceptere dig og andet · også det ”fjendske”

En udviklende og uendelig rejse · stor indsigt og læring

Med kærlighed og lys til hensigt · til dig næring

Du vil komme ud af din komfortzone og se

At du selv er skaber af dit livs Alle'

Iskold eller ej

Er du i kontakt med dig selv · du kære

Eller har du mon mod på at det lærer

Det er indre arbejde · at mærke, rumme og acceptere

Tillade at du må være alt · uden at distrahere

Vi møder alle mange forskellige tanker, følelser og energier

Derfor må vi skabe · gøre brug af egne strategier

Det er simpelt og så alligevel ikke · du vælger

Hvad og hvor meget du i og omkring svælger

Er du kold, lukket · benægter at alt forandrer sig

Både inde, ude og alle steder rundt omkring dig

Ønsker du et liv med frihed eller i lænker

Tankens kraft er stor · du bliver hvad du tænker

På vej

Vi er alle på vej · hvorhen · op til dig

Står du stille eller er i bevægelse · din vej

Alt er bare · sker · os det vi ej ser

Fordi tiden går uanset hvad · trist eller glad her

Tid er blot illusion · dog vigtig at have før øje

Brug den til det du lyster · gerne til at fornøje

Bevidsthed · til gavn og glæde · får ej tiden tilbage

Så hvad ønsker du at skabe kære · drop klage

Du er unik og skabt til at være dig – JA

Med alt hvad det indebære – tak for dig · du ka

Hvad beriger dig – med liv glæde, lethed, lys og kærlighed

Kom ned i kroppen og mærk det – start med ærlighed

Skaberkraft

Du er din egen skaber af dit liv ja

Du kan selv skabe dine tanker, følelser, historie tja

Måske du ikke tror det er som så nu

Du må begynde rejsen med et skridt - kære du

Alt har start og ende her i livet - tjek

Så skab og lev mens du kan det - kæk

Du er nød til at tro og have tillid

Ny idé, mærk, følg op med handling - kom hid

Hemmeligheden ligger I følelsen - visualiser og se det ske

Du vil overraske dig selv og andre - bliv ve'

Udfold dine potentialer - styrk mindset, tro og vilje - du kan

Vær i flow og balance - din egen største fan

Ræk ud og mærk indeni dig

Du må hjertens gerne række ud · be om støtte
Stå ved svagheder og vid styrker · til stor nytte
Du behøver ej gå vejen · gøre alt selv · nej
Andre har gået vejen · kan bidrage med deres praj

Du er dig og unik med alt det indebærer
Dog kan vi alle altid være mere · dermed lære
Højeste pris du må betale · er ej at vide
Som gør du ej tror på og må lide

Der er meget videnskab og læring · sortere du ka
Dit indre er værdifuldt · som en skat · JA
Vi må søge ind ad og tillade at mærke
Alt det som er · os selv og svar forstærke

Sårbarhed

Tillader du dig til tider at være sårbar kære
Det er ok og en autenticitet dig kan lære
Vi er alle nede og knækkede af og til
Om vi vil være ved det - i livets spil

Du kan se nok så godt ud og lappe
Når du bliver berørt og trækker i din kappe
Det er ej svagt at være sårbar - stå ved
Sæt ord på - vis det, hvis du er ked

Livet er et spil - det ender med game over
Så spil dine brikker med omhu - uden cover
Tænk over dine træk - du skaber dem selv - JA
Du har alle muligheder med din tro - du KA

Tak

Tak

Tak

Tak, tak, tak

Jeg vil udtrykke min dybfølte tak til dem, der har støttet mig på denne rejse. Først og fremmest vil jeg takke min familie og mine nære venner, som altid har været og er der for mig – som har lyttet, opmuntret og givet mig styrke til at fortsætte, når det føltes udfordrende. Tak til dem, der har inspireret mig, direkte eller indirekte – jer, der har været spejle, udfordrende tanker og stille vand – tak for at give mig og mine digte en dybde. En særlig tak går også til dig som læser, der har åbnet denne samling og givet dig hen til dens ord. Dit valg, vilje og investering af tid til at tage med på rejsen i mit indre hjertekammer. At dele denne rejse · betyder alt for mig. Ordene her er ikke kun mine; de lever også i dig, som læser dem og giver dem din mening. Af hjertet ubeskrivelig og uendelig tak for dig. Tak for at følge mig, tak for at lytte – og tak for at være en del af denne rejse og mit liv. Det er mig en stor ære.

I kærlighed og taknemmelighed

Jeanette Kaptain

Forfatterord

Jeg er Jeanette Kaptain - forfatter, kreatør, underviser, inspirator og frem for alt en mor med stort M. Jeg er beriget med 2 vidunderlige og kærlige drenge, som er mit et og ALT. De minder mig dagligt om, hvad ubetinget kærlighed er, og de er mine bedste lærer i livet. For dem og alt hvad livet har bragt mig er jeg uendelig taknemmelig.

Som kvinde står jeg stærkt – er kærlig, lidenskabelig, modig, ansvarlig og bevidst samt en aktiv kvinde i midten af fyrrene. Jeg udgav i 2023 min første bog Kaptain i eget liv. En blanding af personlig fortælling, deling af forskellige strategier i at mestre sig selv og ikke drukne, når bølgerne i livet går højt. Ligeledes indeholder bogen digte, citater og egne billeder.

For år tilbage fik jeg muligheden for førtidspension efter en livskrise, hvilket jeg tog imod. Det har givet mig muligheden for at passe på mig selv, skabe mine egne dage og liv med ro, balance, kærlighed og lys på trods af, at der stadig af og til er høje bølger, som skal mestres.

Jeg er "Kaptainen" i mit liv, og har valgt at tage styringen. Tackle tanker, følelser, adfærd og resultater som de er i nuet.

Jeg går dagligt ture uanset vejr, og jeg værdsætter ubeskriveligt ophold i naturen, da den beriger mig med ro, balance, jordforbindelse, omfavnelse og rum.

Digtene i min digtsamling er mit hjertes skat udtrykt på skrift og lyd. Med forskellige stemninger og temaer. Digtene er skrevet i stille øjeblikke - i skoven på mine daglige gåture der. Her skabes mange ideer og kreative input – livets foranderlighed, farver, blomstringer, kærlighed i form af kærtegn fra vind, sol, vand og sand. Hjerter som kommer til udtryk i blandt andet træer, jorden, blomster, svampe og sten. Ved vandet bølger som skyller ind og trækker sig tilbage igen - lige som de forskellige udfordringer, vi som mennesker møder igennem livet. Der er altid valg som friskhed, luft, bevægelse, ro og harmoni, trods storme i livets cyklusser. Alt dette er i smuk poesi skabt til denne digtsamling; Digte fra mit indre hjertekammer.

Jeg underviser i selvkærlig yoga, intuitiv dans og er passioneret for at inspirere i selvkærlighed, da jeg har erfaret vigtigheden af det. At elske mig selv for den jeg er, og ikke kun det jeg gør. Jeg prioriterer hver dag pauser for mig, hvor jeg oplader og reflektere.

Jeg er livsnyder, mønsterbryder og eventyrlysten. Jeg er nysgerrig - både læser, leger og udforsker livet på forskellige vis. Jeg er på en smuk, uendelig og indsigtsrig rejse i og med mig selv - personligt, mentalt, fysisk og spirituelt. Jeg er hel med alt hvad det indebærer – lys som mørke. Og jeg er hver dag på vej mod nye horisonter i kærlighed, lys og taknemmelighed.

Jeg har arbejdet med personlig udvikling de sidste 8 år, og samarbejdet med flere forskellige mentorer, coaches samt berigende fællesskaber til udvikling, sparring og støtte.

I kærlighed og taknemmelighed

Jeanette Kaptain